C. H. Pierron de Chamousset

(Paris. [illegible])

MÉMOIRE

SUR L'ÉTABLISSEMENT de Compagnies qui assûreront, en maladie, les secours les plus abondans & les plus efficaces à tous ceux, qui, en santé, leur payeront une très-petite somme par an, ou même par mois.

EXTRAIT de l'Année Littéraire 1770 Tome V page 265.

M. DE CHAMOUSSET, ce citoyen si zélé pour le bien public, & dont l'imagination, excitée par la bienfaisance de l'ame, est si féconde & si heureuse en moyens d'être utile, est l'auteur du *Mémoire* que je vous annonce, Monsieur. C'eſt un *in*-4° de ſeize pages qui ſe trouve à Paris chez *d'Houry* Imprimeur-Libraire rue Vieille-Bouclerie. Il y a long-temps que l'auteur a conçu le projet dont il eſt ici queſtion, & qu'il en a fait part à ſes compatriotes ſous le titre de *Maiſon d'Aſſociation* *. Cette idée, que ſon amour pour l'humanité ne lui a jamais permis d'abandonner, il la préſente de nouveau dans cet ouvrage, mais plus approfondie, plus développée, plus ſuſceptible d'exécution.

Les avantages que le commerce retire des Compagnies ordinaires d'Aſſûrance & l'accueil que leur ont fait les Nations les plus éclairées, ſont généralement reconnus. M. *de Chamouſſet* ſe flatte que les Compagnies d'Aſſûrance d'un nouveau genre, qu'il propoſe à toutes les grandes villes de l'Eu-

* Voyez *l'Année Littéraire* 1754, Tome III page 348.

rope, mériteront encore plus la faveur des Souverains & des peuples, & que même elles obtiendront la prééminence sur les autres. Les raisons qu'il allègue de cette prééminence sont: 1° que ces nouvelles Compagnies d'Assûrance offrent leurs secours à toutes les classes de la société, tandis que celles qui regardent les vaisseaux n'intéressent que les négocians, & celles pour les incendies les propriétaires des maisons. 2°. que la conservation de la vie & de la santé est plus importante que celle de la fortune. 3°. Qu'il est grand nombre de négocians ou de propriétaires qui n'ont jamais essuyé de naufrages ou d'incendies, au lieu qu'il est peu d'hommes qui n'aient eu quelque maladie, ou qui ne soient au moins dans le cas de la craindre.

L'auteur fait sentir que l'intérêt même de ces nouvelles compagnies leur fera prodiguer, pour ainsi dire, les secours dans les établissemens qu'elles formeront, parce que, mieux on y sera traité & plus elles y guériront de malades, plus elles auront d'associés qui leur procureront des gains, lesquels augmenteront en proportion de la masse de ces associés. Tout son systême est fondé sur un principe démontré, dit-il, par l'expérience & par l'observation des plus célèbres Médecins ; sçavoir, que, sur cent personnes, il n'y aura jamais, dans le courant de l'année, douze maladies d'un mois ou vingt-quatre de quinze jours, & qu'ainsi un seul lit, pendant le cours d'une année composée de douze mois, doit faire face à l'engagement pris vis-à-vis de cent personnes.

D'après ce calcul, M. *de Chamousset* propose un premier établissement de trois cens lits, sçavoir sept salles de vingt-quatre lits, dont tous les lits seront séparés par des cloisons qui, ne montant qu'à la moitié de la hauteur du plafond, formeront des espèces de chambres particulières pour chaque malade, sans leur ôter l'avantage de l'air qui circulera au dessus de ces cloisons; quarante huit chambres, à deux lits, meublées en toile peinte, un feu & une garde particulière pour chacune de ces chambres; trente chambres à un lit qui seront meublées, & dans lesquelles on sera servi avec toute la recherche que peut desirer l'homme riche & délicat; enfin, six appartemens composés de plusieurs pièces, & dans lesquels, indépendamment de la garde de la maison, on aura un domestique logé & nourri. Un seul lit, comme on vient de le dire, devant faire face à l'engagement pris vis-à-vis de cent personnes, il s'ensuit qu'avec trois cens lits on pourra recevoir trente mille associés. On paiera, pour avoir droit aux lits de cette maison dans toutes les maladies ou accidens curables qui pourront subvenir, vingt sols par mois pour les lits des ſalles ; quarante ſols, de même par mois, pour ceux des chambres à deux lits, 3 livres pour ceux des chambres à un lit, & cinq livres pour ceux des appartemens. Ainſi, dit l'auteur, les ſeize mille huit cens perſonnes, que les cent ſoixante-huit lits des ſalles nous mettent en état d'aſſocier, nous produiront, à raiſon de vingt ſols par mois, 201600 livres; les neuf mille ſix cens des quarante huit chambres à deux lits, à raiſon de quarante ſols par mois, 230400 livres ; les trois mille des trente chambres à un lit, à raiſon de trois livres par mois, 108000 livres; enfin, les ſix cens des appartemens, à raiſon de cinq livres par mois, 36000 livres. Recette totale, 576000 livres.

La dépenſe ne peut, dit l'auteur, monter à plus de moitié de cette recette; il en apporte pour preuve l'établiſſement des Frères de la Charité qui s'accroit de jour en jour, quoi qu'ils reçoivent la fondation d'un lit pour 10000 livres, lesquelles, de quelque manière qu'ils les placent, ne peuvent leur produire 500 livres de rente. En supposant, dans ses nouvelles Compagnies, la moitié de la recette pour la dépense, il calcule que le lit de salle coutera 600 livres; celui de chambre à deux lits 1200 livres; celui de chambre à un lit 1800 livres; enfin, celui d'appartement 3000 livres. Mais cette supposition est vague & ne peut se réaliser, n'y ayant entre ces classes de différence que sur les choses de pur agrément, les secours nécessaires à la guérison étant les mêmes par-tout; mêmes Médecins, mêmes Chirurgiens, mêmes médicamens & même bouillon.

Sur la moitié de la recette, restante en bénéfice & montante à 288000 livres, M. *de Chamousset* en destine 48000 livres pour les dépenses imprévues & pour le fond d'une loterie gratuite qui sera tirée tous les ans en faveur des Associés ; en conséquence, on délivrera, à chacun de ceux qui viendront s'associer, autant de numéros qu'ils prendront de places, dans quelque classe que ce soit, c'est-à-dire, pour les places des salles comme pour toutes les autres, & sur le pied de trois lots par lit. Ce premier établissement délivrera donc neuf cens lots à ceux des trente mille associés à qui le sort les aura fait tomber. Six de ces lots seront de 600 livres, six de 300 livres, six de 150 livres, six de 75 livres, douze de 48 livres, deux cens soixante quatre de 36 livres, trois cens de 24 livres & trois cens de 12 livres.

Indépendamment de l'espérance que tous ceux, qui ne paieront même que vingt sols par mois, auront de gagner un de ces lots, ceux d'entr'eux qui tomberont malades auront encore la certitude que rien de ce qui peut tendre à leur guérison, ne sera négligé dans les classes où ils seront reçus. Tant qu'on se porte bien, ces vingt sols sont faciles à distraire tous les mois sur le produit d'un travail que la maladie suspend, en même temps qu'elle quadruple la dépense. Ainsi, par cet établissement on fera cesser pour tous ceux qui, ne vivant que de salaires, ne peuvent se procurer, dès les commencemens du mal, des secours efficaces, la dure nécessité ou de périr chez eux victimes de la décence & de leur peu de fortune, ou d'aller partager avec le plus bas peuple un lit d'hôpital dans lequel on n'est entouré jour & nuit que d'objets de dégoût, de crainte & d'horreur.

Il y aura, dans les différentes classes de cet établissement, des lits pour des malades qui, n'étant pas associés, paieront par jour dans les salles trois livres, dans les chambres à deux lits quatre livres 10 ſols; dans celles à un lit ſept livres; dans les appartemens dix livres: mais ils ne ſeront reçus qu'en dépoſant un mois d'avance; &, dans le cas ou une épidémie augmenteroit le nombre ordinaire des malades, les lits ſeroient réſervés pour les aſſociés.

M. *de Chamouſſet* étend plus loin ſes vues bienfaiſantes. Je puis être aſſocié de la Compagnie d'Assûrance de Paris, & tomber malade dans une Province, dans un Royaume étranger où mes affaires m'auront appellé. La relation & la fraternité que l'auteur propoſe d'établir entre ces Compagnies, ouvriront, à leurs différens aſſociés voyageans, les refuges de toutes les villes où leur ſanté recevra quelque atteinte, en y préſentant un billet de la Compagnie dont ils ſeront Aſſociés, par lequel billet elle prendra l'engagement de payer les journées de ſon Aſſocié, ſuivant ſa claſſe & au prix convenu entr'elles.

Un établissement, aussi intéressant pour ceux qui y auront recours, pour les indigens qui trouveront un air moins contagieux & plus de secours dans les hôpitaux ainsi déchargés, & même pour les plus riches qui profiteront des découvertes que l'art de guérir fera dans de semblables maisons, l'auteur n'a pas cru devoir le former par une compagnie dont il auroit choisi les membres; il a voulu en offrir au Public l'honneur & les profits, en lui proposant trois mille actions de 200 livres chacune, lesquelles composeront une somme de 600000 livres que, d'après toutes les mesures qu'il a prises, il estime très-suffisante pour monter le premier établissement; il paroît démontré par son *Mémoire* que les 240000 livres de profit étant à partager entre trois mille actions, chaque action produira quarante pour cent d'intérêt. Mais quand, au lieu d'associés, il n'auroit que des payans par jour, qui ne lui manqueront jamais en nombre suffisant pour remplir trois cens lits dans une ville telle que Paris, il est clair, d'après ses calculs, qu'il resteroit encore aux Actionnaires plus de quinze pour cent de l'intérêt de leur argent.

En offrant tous les Notaires pour donner une date juridique aux demandes, & pour assûrer la préférenc- à ceux qui se seront fait inscrire les premiers, il prouve bien qu'il ne veut favoriser personne; ainsi tous ceux qui ont envie d'entrer dans cette entreprise ne doivent pas balancer un instant à envoyer chez le Notaire qu'ils desireront une note de la quantité d'actions qu'ils veulent se procurer, d'autant plus que, jusqu'à ce que le nombre de trois mille soit rempli, il ne sera point question de déposer d'argent chez lesdits Notaires; ils ne le recevront que lorſque l'auteur du projet aura obtenu des Lettres Patentes qui ne lui ſeront point refuſées dès qu'il préſentera les ſoumiſſions pour trois mille actions. Cet établiſſement dépend donc totalement aujourd'hui de la volonté du Public. Le Gouvernement ne ſçauroit, ſans bleſſer la délicateſſe d'une partie de ceux qui doivent en profiter, faire plus que d'en permettre la propoſition, & l'auteur ne peut qu'en donner le plan & les détails lorſqu'ils ſeront néceſſaires, & offrir de répondre à toutes les objections qu'on jugera à propos de faire contre ce projet.

On ne peut que lui ſçavoir un gré infini de s'être donné tant de peines, & depuis tant d'années, pour un établiſſement dans lequel il n'a voulu prendre aucun intérêt perſonnel ; ſon amour pour le bien public eſt ſi vif, ſi pur & ſi ſincère, qu'il va juſqu'à demander les avis de tout le monde ſur l'établiſſement qu'il propoſe, & qu'il offre de ſuivre le plus grand nombre des ſuffrages, & de ſe prêter à tout ce qui ſera deſiré, pourvu que cela ſoit poſſible. Rien de plus honnête, de plus noble & de plus déſintéreſſé que ce procédé de M. *de Chamouſſet.*

Lettres de Meſſieurs Bertrand, Lorry & Petit, tous trois Médecins de la Faculté de Paris, à M. de Chamouſſet ſur ſon projet d'établiſſement de la Compagnie d'Assûrance pour la ſanté.

Lettre de M. Bertrand du 25 Juillet 1770.

J'ai lu, Monſieur, avec la plus grande ſatisfaction, le projet que vous avez bien voulu me communiquer; j'en ſuis pleinement ſatisfait; je n'y trouve rien à corriger. Flatté de pouvoir contribuer à cet établissement, je vous prie de me regarder comme un Actionnaire pour trois actions ; six cens livres sont sans doute peu de chose ; mais chacun agit d'après ses pouvoirs. Je suis de plus très-disposé à concourir par mon état à tout ce qui pourra être avantageux à une maison dont l'institut sera béni à jamais, par tous ceux qui sçauront être Citoyens.

J'ai l'honneur d'être, &c.

BERTRAND.

P. S. Quant au calcul que vous faites, Monsieur, je n'ai rien prononcé, parce que, comme il me paroît un peu forcé, il ne fait que rendre encore plus favorable le projet que vous présentez, puisque les dépenses sont moins fortes que votre Mémoire ne le fait imaginer.

Lettre de M. Lorry du 29 Juillet 1770.

C'eſt avec le plus grand plaiſir, Mr, que j'ai lu & votre Mémoire & votre projet; mais ce ſera avec un bien plus grand plaiſir que je le verrai exécuté. Je crois cependant que le calcul que vous faites de 12 maladies aigues d'un mois ſur cent hommes, eſt beaucoup trop fort, en prenant ces cent hommes depuis l'enfance juſqu'à la vieilleſſe, qui ſont les cas les plus défavorables. C'eſt un calcul forcé; c'eſt ce que peuvent vous apprendre les Hôpitaux militaires, où cependant tous les hommes ſont exténués de fatigues, & plus expoſés que les autres hommes à toutes les cauſes de maladies aigues. Les Médecins les plus employés, ſur 30 à 40 malades pris dans toutes les claſſes des hommes, n'envoient pas quelquefois trois en danger, & ſont quelquefois des mois entiers ſans en voir un ſeul qui leur donne de l'inquiétude, si vous en exceptez le cas des maladies épidémiques qui sont rarement funestes à Paris. Je vous avouerai que, dans cette Capitale, vous devez faire un très-grand bien pour tous les Ouvriers, classe d'hommes importante, mais qui est souvent ou même presque toujours sacrifiée à la charlatanerie, à l'impéritie, ou à la légereté des Médecins les plus sçavans, mais qui n'ont aucun aiguillon qui les excite à donner leurs soins à des gens inconnus & indociles. Les Domestiques, dont presque la moitié meurt de fluxions de poitrine à la sortie des hyvers rigoureux, auront chez vous un asyle sûr & peu coûteux. Enfin les opérations de Chirurgie sont sans contredit l'objet le plus important & le plus nécessaire dans votre maison d'Assurance; le défaut de linge, de bons onguens, de gardes sûre en font périr un bon tiers. D'ailleurs, combien de

Chirurgiens s'en mêlent, qui ne ſçavent ſeulement pas manier un ſcalpel !

Mais, Monſieur, ne perdez pas de vue l'objet des malades à tant par jour ; je pourrois vous effrayer ſi je vous comptois le nombre de Provinciaux, qui, étant à Paris pour leurs études ou leurs affaires, y tombent malades & périſſent preſque ſans être réclamés : je l'ai vu cent fois toujours avec douleur, &, en vérité, cet article mériteroit une attention particulière des Magiſtrats. C'eſt à un bon Citoyen comme vous que la Patrie en devra beaucoup d'autres ; & ſur-tout vous aurez la douce ſatisfaction de jouir de cette délicieuſe ſenſation qu'on éprouve en faiſant le bien. Je ſerai trop heureux en mon particulier ſi vous me croyez digne d'y contribuer en quelque choſe.

J'ai l'honneur d'être, &c.

LORRY.

Lettre de M. Petit l'Anatomiste du 30 Juillet 1770.

Je penſe, comme M. LORRY, Monſieur; votre calcul eſt trop fort de moitié: ſur cent perſonnes de tout âge, il n'y a pas, chaque année, ſix perſonnes qui ſoient attaquées d'nue maladie d'un mois, ou douze d'une maladie de quinze jours; cependant j'eſtime que vous ferez bien de partir de ce calcul, tout exagéré qu'il eſt, non-ſeulement parce que la prudence veut qu'en fait de projets à exécuter, l'article des charges ſoit toujours porté le plus haut poſſible, & même un peu au-delà du vrai, attendu que le Chapitre des accidens n'eſt jamais court, mais principalement encore à cauſe des convaleſcences, qui quelquefois traînent & ſont de vraies maladies. Pour ce qui eſt du fond de la choſe, j'ai peine à croire qu'on puiſſe rien imaginer de plus avantageux ; je desire bien sincérement que la Patrie, qui vous a déja tant d'obligations, vous ait encore celle d'épargner à beaucoup de malheureux la nécessité d'avoir recours aux hôpitaux. Je suis sûr que si, quelque beau matin, il plaisoit à la Providence d'éclairer les indigens sur leurs vrais intérêt, & qu'à la manière des animaux, chaque homme, couché dans son coin, eût de belle eau claire & sur-tout du repos, au total on conserveroit plus d'un quart de ceux qui meurent. Que l'exécution de votre projet fasse donc ce qu'à cause de nos péchés, la Providence refuse de faire. J'élèverai un Temple à *Jupiter Sauveur*; le y Dieu sera représenté sous vos traits.

Continuez à brûler du beau feu qui vous dévore ; le plaisir de bien faire vous paiera mieux que toute autre récompense ; je vous prie cependant d'y joindre les ſentimens d'eſtime & de reſpect avec leſquels je ſuis, &c.

A. Petit D. M. P.

Idée de l'ancien Projet de M. de Chamouſſet qui parut en 1754 ſous ce titre : Plan d'une Maiſon d'Aſſociation, dans laquelle, au moyen d'une ſomme très-modique, chaque Aſſocié s'assûrera, dans l'état de maladie, toutes les ſortes de ſecours qu'on peut deſirer.

Extrait de l'Année Littéraire 1754 Tome III page 348.

Il eſt ſans doute des aſyles publics ouverts à la misère ; mais combien de citoyens, qui n'étant ni aſſez riches pour ſe procurer des ſecours ſuffiſans chez eux, ni aſſez pauvres pour ſe faire tranſporter dans une Maiſon de Charité, périſſent les victimes, non-ſeulement de la décence de leur état, mais encore de la crainte trop bien fondée de se voir négligés dans un Hôpital, où le nombre infini des malades ne permet guères qu'on ait pour eux ces soins vigilans, ces attentions délicates qu'on ne sçauroit cependant trop multiplier pour le rétablissement de la santé. Les Artisans industrieux & les Marchands dont le commerce est borné, &, en général, tous ces hommes précieux à la République qui vivent journellement du fruit de leur travail, & qui, par cette raison même, n'ont recours aux remèdes que le plus tard qu'ils peuvent, voyent souvent toutes leurs ressources épuisées par les commencemens d'une maladie; & plus ils sont dignes de secours, moins ils peuvent se réduire à profiter de ceux qui leur sont offerts dans les Hôpitaux. L'air leur paroît devoir y être corrompu par la quantité des malades & des mourans. Ils se figurent que les soins y sont toujours insuffisans, parce qu'ils sont gratuits; & le spectacle continuel de la douleur, de l'agonie, & de la mort dans le salle où on les transporte, souvent dans un lit où on les met, leur fait envisager des dangers beaucoup plus effrayans que ceux auxquels la seule misère les expose chez eux. C'est peut-être un bien qu'ils ayent cette idée des asyles publics. Car il est certain que ces sortes d'établissemens ne serviroient qu'à fomenter la paresse du peuple, s'il étoit assûré d'y trouver, en cas de maladie, tous les secours, toutes les commodités nécessaires.

Il n'est pas à craindre que l'Association que l'on propose ici produise cet effet; c'est-à-dire, qu'elle rende l'Artisan moins laborieux. Au contraire, elle ne fera que l'animer de plus en plus au travail, qu'exciter son industrie, afin qu'il soit en état de payer la somme qui lui donnera le droit d'entrer dans cette Maison.

Mais ce Projet ne regarde pas les ſeuls Artiſans; il intéreſſe également les Citoyens les plus aiſés & même les plus opulens. Quelque riche que l'on ſoit, peut-on ſe flatter d'avoir à ſes ordres, à toutes les heures du jour & de la nuit, des Médecins habiles, des Chirurgiens expérimentés, tous attentifs à adminiſtrer ou à ſuſpendre à propos un remède, qui, ſelon les circonſtances, devient d'un moment à l'autre ſalutaire ou nuiſible? Peut-on toujours compter ſur les lumières des perſonnes deſtinées à la préparation des médicamens? Que n'a-t-on pas d'ailleurs à craindre du zèle peu éclairé d'une famille effrayée, qui, par empreſſement, uſe de précipitation où il faut des délais, ou qui, par une pitié mal entendue, uſe de remiſes où il fant de la célérité? Enfin, à quels dangers n'eſt-on pas expoſé, lorſque l'on n'eſt ſervi que par des valets pris au haſard; comme le ſont les gens de Lettres qui ſe raſſemblent à Paris de toutes les parties du Royaume, les Militaires qui viennent ſolliciter la récompenſe de leurs ſervices, les Plaideurs forcés d'y faire de longs ſéjours pour ſoutenir leurs droits, & cette foule d'Etrangers que la curioſité y attire ? Iſolés & abandonnés à des inconnus qui les environnent, quels ſoins doivent-ils attendre de gens pour la plûpart avides & intéreſſés ?

L'établiſſement admirable qu'on projette n'aura aucun des inconvéniens dont on vient de parler. 1°. Les riches y ſeront reçus d'une manière qui ne laiſſera rien à deſirer même à leur délicateſſe. 2°. Le traitement dans la maladie ſera abſolument le même & pour eux & pour ceux qui ſeront mal partagés de la fortune. 3°. La dépenſe ſera proportionnée aux facultés des moins aiſés. 4°. Enfin la décence n'empêchera perſonne de profiter des ſecours qui lui ſeront offerts. Il y aura une Pharmacie complette, composée des plus excellentes drogues, & gouvernée par les hommes les plus intelligens. On y rassemblera des Médecins & des Chirurgiens en chef. Deux des plus célèbres Médecins de Paris viendront régulièrement tous les jours pour consulter avec ceux qui demeureront dans la Maison; & s'il arrive qu'un malade ait de la confiance dans un Médecin ou dans un Chirurgien de dehors, il lui sera libre de le faire venir à ses frais. Ajoutez à cela des Gardes vigilantes, un choix scrupuleux d'alimens convenables, & toutes les attentions de propreté qui peuvent prévenir le dégout & garantir du mauvais air.

On n'aura droit aux secours de cette Maison que quand on se sera fait recevoir parmi les Associés; & pour avoir égard à la différence des conditions & des moyens, on établira cinq Classes d'Associés qui payeront plus ou moins, non pour le traitement de leurs maladies (car, comme on l'a dit, il ſera fait dans toutes les Claſſes avec le même ſoin). mais pour les commodités arbitraires qui varient ſelon les états. Chaque Aſſocié de la première Claſſe occupera un appartement complet, & ſera meublé & ſervi d'une manière convenable à ſon logement. Ceux de la ſeconde Claſſe auront chacun une chambre ſéparée ; ceux de la troiſiéme ſeront dans les chambres à deux ou trois lits ; la quatriéme ſera diſtribuée dans des ſalles à douze lits ; & la cinquiéme dans des ſalles à trente lits, dans leſquels les malades ne ſeront qu'un à un. Les Aſſociés de la première claſſe payeront par mois depuis quinze ans juſqu'à trente-cinq ans 5 l. de trente-cinq à quarante ans 5 l. 8 ſ. ; de quarante à quarante-cinq ans 5 l. 16 ſ., de quarante cinq à cinquante ans 6 l. 4 ſ ; de cinquante-cinq à ſoixante ans 7 l. Les Aſſociés de la ſeconde, ſuivant la même proportion d'âge, 3 l. 3 l. 4 ſ., 3 l. 8 ſ., 3 l. 12 ſ.

3 l. 16 ſ., 4 l.; ceux de la troiſiéme 2 l., 2 l. 3 ſ., 2 l. 6 ſ., 2 l. 9 ſols, 2 l. 12 ſ., 2 l. 15 ſ.; ceux de la quatriéme 1 l. 10 ſ., 1 l. 12 ſ., 1 l. 14 ſ., 1 l. 16 ſ., 1 l. 18 ſ., 2 l.; enfin les Aſſociés de la cinquiéme & dernière claſſe payeront chaque mois 1 l. 5 ſ., 1 l. 6 ſ., 1 l. 7 ſ.; 1 l. 8 ſ., 1 l. 9 ſ., 1 l. 10 ſ. Il eſt à remarquer qu'on payera tous les mois tant en ſanté qu'en maladie.

Copie de la Délibération des Six Corps des Marchands en date du 13 Juillet 1754.

M. *de Chamouſſet* Maître des Comptes, ayant préſenté dans les Bureaux des Six Corps deux Ecrits imprimés dont l'un intitulé : *Plan d'une Maiſon d'Aſſociation dans laquelle, au moyen d'une ſomme très-modique par mois, chaque Aſſocié s'assûrera dans l'état de maladie toutes les ſortes de ſecours que l'on peut deſirer*, & l'autre contient des *Additions & Eclairciſſemens audit Plan* :

les Gardes de chaque Corps, après avoir examiné ces écrits en particulier, se sont assemblés ce jour au Bureau des Six Corps pour recevoir les avis de la Compagnie, & ont observé qu'il leur paroît que l'auteur dans son *Plan* a fait une omission concernant la Pharmacie qui est une des trois parties essentielles de la Médecine, pour le gouvernement de laquelle ils requièrent qu'il soit choisi parmi les Maîtres Apothicaires de Paris des sujets suffisans pour y présider; demande trop bien fondée pour qu'elle ne leur soit pas accordée. Cette observation admise, ils ont délibéré unanimement qu'on ne pouvoit rien imaginer de plus utile, de plus avantageux à la société & de plus louable pour son auteur; & que sur l'exposé desdits *Plans* & *Additions* ils en desirent l'exécution, après laquelle ils ne doutent pas qu'un grand nombre de leurs membres ne souscrivent à ladite association Et ont signé: *Verron*,

Havart, *Hatry*, *Vaſſal*, *Decamp* l'aîné, *Sauvage*, *Chapelet*, *Feti*, *Jacquin*, *Lépine*, *Santuſſant*.

D'après l'idée qu'on vient de donner du premier *Plan* de M. *de Chamouſſet*, on ſaiſit d'un coup d'œil les changemens heureux que ce Citoyen auſſi éclairé que zélé a faits dans ſon projet utile. On voit auſſi que, conſéquemment à la délibération des Six Corps des Marchands, il met, dans ſon nouveau *Plan*, un Maître Apothicaire à la tête de ſa Pharmacie. Il déclare même dans ſon dernier *Mémoire*, que ces Pharmacies ne vendront de drogues à qui que ce ſoit, mais qu'elles fourniront ſimplement les Aſſociés. Ainſi l'approbation des Six Corps eſt entièrement favorable à ſes nouvelles vûes ; mais ce n'eſt pas le ſeul avantage qui en réſulte. Il n'étoit pas queſtion de la Loterie dans le premier plan, & cette amorce doit déterminer beaucoup de gens à s'aſſocier, ſur-tout de ceux qui, par un mauvais raiſonnement, diſoient, *ſi je ne tombe jamais malade je perdrai le prix de ma cotiſation.* Dans la nouvelle propoſition de M. *de Chamouſſet* ils perdront bien moins que celui qui met aux Loteries ordinaires, & qui n'y gagne point de lot, puiſque, dans la loterie de la Maiſon d'Aſſociation, les perdans ſeront bien ſoignés & bien traités s'ils tombent malades.

Ces jours derniers, un Anglois, après avoir lû le dernier Mémoire de M. *de Chamouſſet*, dit à propos de la Hollande: » Dans ce païs comme dans beaucoup d'autres, il y a nombre d'établiſſemens pour les pauvres; mais dans aucun il n'y a d'établiſſement pour les claſſes exactement au deſſus de la pauvreté, qui ſont cependant celles que les Gouvernemens devroient le plus protéger, parce que ce ſont elles qui contribuent le plus, par leurs travaux, à la richeſſe des Etats. Le Plan de M.

» *de Chamousset*, regardant principale-
» ment ces classes, & n'ayant pas le vice
» des Hôpitaux, qui par leur gratuité
» favorisent la paresse & la débauche,
» je ne doute pas que beaucoup de Gou-
» vernemens ne l'adoptent. Lorsque les
» Maisons d'Association seront mon-
» tées, elles ne manqueront jamais de
» malades, & M. *de Chamousset* démon-
» tre que, toutes dépenses prélevées, il
» restera des gains fort honnêtes ; on
» doit donc trouver dans tous les païs,
» pour faire les premières dépenses, ou
» des Gouvernemens, ou des Corps tels
» que ceux des villes, ou au moins des
» compagnies de particuliers qui feront
» avec grand plaisir ces avances, il ne
» s'agit que de répandre & de bien faire
» connoître ce Plan. »

FIN.

www.ingramcontent.com/pod-product-compliance
Ingram Content Group UK Ltd.
Pitfield, Milton Keynes, MK11 3LW, UK
UKHW021208230726
13926UKWH00001B/393